1788.
Abt.

ORAISON FUNEBRE

DE TRÈS-HAUT, TRÈS-PUISSANT,

ET

TRÈS-EXCELLENT PRINCE,

LOUIS XV LE BIEN-AIMÉ,

ROI DE FRANCE ET DE NAVARRE,

Prononcée dans l'Eglise de Notre-Dame de Paris,
le 7 Septembre 1774,

Par *Messire* CÉSAR-GUILLAUME DE LA LUZERNE,
Évêque-Duc de Langres, Pair de France.

A PARIS,

De l'Imprimerie de *GUILLAUME DESPREZ*, Imprimeur
ordinaire du Roi & du Clergé de France, rue S. Jacques.

M. DCC. LXXIV.

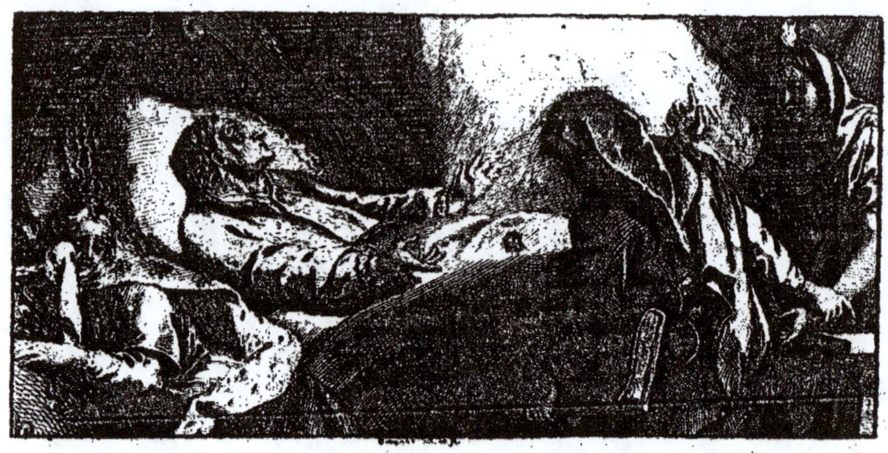

ORAISON FUNEBRE

DE LOUIS XV LE BIEN-AIMÉ,

ROI DE FRANCE ET DE NAVARRE.

Filius qui nascetur tibi, erit vir quietissimus ;..... & Pacificus vocabitur.

Le Fils qui naîtra de vous, sera un Prince très-modéré ;..... & il sera appellé le Pacifique.

1. Paral. cap. XXII, v. 9.

MONSEIGNEUR, *

* MONSIE

S I le Dominateur suprême, qui tient dans sa main les cœurs des Rois, & qui les dirige où il lui plaît, (1) eût daigné révéler à Louis XIV expirant, comme il le manifesta autrefois à David,

(1) *Cor Regis in manu Domini : quocumque voluerit inclinabit illud.* Prov. cap. XXj, v. 1.

quel feroit le Succeffeur qui alloit s'affeoir fur fon Trône ; il lui eût annoncé ce caractere modéré & pacifique, qui rendit Salomon célebre, la Judée floriffante,
& les Nations voifines tranquilles & heureufes. Il lui
eût dit : J'ai fait de vous, comme du Fils de Jeffé, un
puiffant guerrier : j'ai donné plus d'une fois à votre
bras la force de diffiper les Nations liguées contre
vous : j'ai agrandi votre domination, & je l'ai étendue
du fleuve jufqu'à la mer : j'ai conduit vos flottes, &
je les ai fait refpecter dans des climats où le nom de
votre peuple étoit à peine connu : j'ai fait fervir vos
péchés à votre inftruction, & votre pénitence à ma
gloire : j'ai affligé votre vieilleffe par des fléaux, &
dans votre peuple, & dans vos enfants ; & j'ai accordé à votre cœur le courage qui foutient les épreuves :
enfin, je vous ai fait un regne long, & le plus glorieux
de tous ceux de votre Monarchie. Mais pour ce jeune
Enfant, que vous tenez entre vos bras, je mettrai dans
fon fein, comme dans celui du Fils de David, un
cœur modéré & ami de la paix : j'éteindrai par fes
mains les rivalités que vous avez allumées ; & je le
rendrai le pacificateur des peuples dont vous avez été
l'effroi : j'étendrai dans fon Empire les Sciences que
vous y avez appellées, les Arts que vous avez fait éclo-
re, le Commerce que vous avez fait fleurir ; & je
porterai fa Nation à un dégré de fplendeur & d'o-
pulence

pulence qu'elle n'a jamais atteint : je conduirai du fond du Nord les Souverains auprès de son Trône, pour admirer sa sagesse & sa magnificence : & après un regne long & florissant, je le réunirai à vous, regretté de son Peuple, & des Nations même qui furent toujours les ennemies de sa Monarchie.

CHRÉTIENS, ainsi l'Arbitre des destinées distribue les Rois aux Nations qu'il favorise : à un regne de combats & de gloire, il fait succéder un regne de paix & de félicité ; & ce qu'il avoit commencé par la force de David, il le consomme par la sagesse de Salomon.

HÉLAS! nous recueillons précieusement tous les traits de ressemblance qui rapprochent, du plus sage des Rois, le Souverain que nous avons perdu. Voudrions-nous vous déguiser une derniere, mais triste conformité? Non : même pour louer mon ROI, je ne dissimulerai rien. LOUIS fut entraîné dans les voies où s'étoit égaré Salomon. Combien de temps cette Ame vertueuse & innocente résista-t-elle aux séductions qui l'assiégeoient de toutes parts? Par quels artifices criminels ces détestables flatteurs parvinrent à le conduire pas à pas jusqu'à l'abyme! Ainsi, comme le reconnoissoit un Roi indignement trompé, *de vils Courtisans abusent de la bonté de leurs Maîtres, & des honneurs même dont ils les ont couverts : non contents d'opprimer*

B

les Sujets, ils tournent leurs embuches contre ceux dont ils tiennent leur gloire ; & par leurs fraudes tissues avec art, ils réussissent enfin à séduire ces ames pures, qui jugent de tous les cœurs par leur propre vertu. (1)

Mais serois-je monté dans la Chaire de vérité, pour excuser des foiblesses, qui, dans les Souverains, sont toujours des scandales ; qui perdent les Monarques, & entraînent à leur suite les peuples dans le péché ? O saints Autels ! ne craignez point que je fasse cette injure à mon ministere : & vous-même, PRINCE si digne de nos regrets, vous vous éleveriez contre moi ; vous me reprocheriez de trahir la vérité, dont vous avez voulu que je fusse le Ministre ; & du fond de votre tombeau, vous me défendriez de pallier des erreurs que vous avez reconnues & pleurées.

FRANÇOIS, je ne chercherai point à excuser les foiblesses de notre Roi ; mais je respecterai sa cendre. Et n'est-ce pas assez d'avoir à pleurer sa mort, sans rappeller encore ces déplorables jours, que nous voudrions effacer de son Histoire, comme nous espérons que Dieu les a effacées du livre des vengeances ? Ne

---

(1) *Multi bonitate Principum, & honore qui in eos collatus est, abusi sunt in superbiam.*

Et non solùm subjectos Regibus nituntur opprimere ; sed datam sibi gloriam non ferentes, in ipsos qui dederunt moliuntur insidias.

...Dum aures Principum simplices, & ex natura sua alios æstimantes, callidâ fraude decipiunt. Esth. cap. XVI, v. 2, 3, & 6.

rappellons donc ſes fautes qu'avec ſa pénitence ; & écar-
tant, pour quelques moments, de ſi triſtes penſées,
trompons, s'il eſt poſſible, la douleur de ſa perte, par
le ſouvenir de ſes bienfaits : occupons - nous de ces
vertus douces & paiſibles, qui ont fait ſi long-temps
notre bonheur : contemplons ce Gouvernement ſage
& bienfaiſant, qui lui mérita l'amour de ſes Peuples ; cette politique modérée & pacifique, qui lui mérita l'eſtime des Nations. Telle eſt la matiere de l'éloge
que nous conſacrons à la mémoire de TRÈS-HAUT,
TRÈS-PUISSANT, TRÈS-EXCELLENT PRINCE, LOUIS
XV, Roi de France & de Navarre.

MONSEIGNEUR, le miniſtere ſévere que j'exerce ne
me permet que des exhortations : il rejette tout éloge,
tant qu'il peut être ſuſpect de flatterie. Dans la ré-
gion élevée où la Providence vous a placé, vous n'en-
tendrez que trop ſouvent la voix de la louange : mais
la voix qui ſort du Sanctuaire ne doit vous parler que
de vos obligations. Nous devons vous dire, au nom de
la Nation, dont vous voyez en ce moment tous les regards tournés vers vous, que plus elle admire en vous
de talents & de connoiſſances, plus elle exige de bienfaits & d'exemples. Nous devons vous dire, de la part
de Dieu, qu'*il redemandera davantage à celui à qui il
a plus accordé.* (1) Capable des grandes choſes, vous

____

(1) *Cui multum datum eſt, multum quæretur ab eo.* Luc. cap. XII, v. 48.

les devez à Dieu, à la France, à vous-même ; & vous resterez au-dessous de vos devoirs, & de l'opinion qu'on a conçue de vous, si vous n'avez que des vertus communes.

PREMIERE PARTIE.

MALHEUR, a dit l'Esprit-Saint, *à la terre, dont le Roi est enfant.* (1) La foiblesse du Monarque éveille les prétentions, excite les factions, & le livre lui-même, sans défense, aux attaques de l'intrigue & aux embuches de la flatterie. François, car sans doute il en est parmi vous qui se rappellent ces dangereux moments, vit-on jamais le Royaume menacé de troubles plus funestes, que le jour où la Couronne tomba sur la tête de Louis XV ? Un Souverain sortant du berceau ; un Peuple accablé d'impôts, & aigri par les malheurs du dernier regne ; une Noblesse ambitieuse, & aguerrie par une longue suite de combats ; une Secte audacieuse à la fois & souple, enhardie par la mort du Monarque qui l'avoit constamment réprimée, & orgueilleuse de ses premiers succès, menaçant de diviser l'Eglise & l'État ; un Prince habile, exclus du rang où l'avoit appellé le choix de Louis XIV ; au-dehors, un voisin puissant, excité par un Ministre entreprenant à fomen-

---

(1) *Va tibi terra cujus Rex puer est.* Eccl. cap. x , v. 16.

ter les divisions, les soutenant de ses richesses, de ses forces, & plus encore du crédit que lui donnoit parmi les François, le sang chéri qui couloit dans ses veines. Jamais minorité ne parut devoir être plus orageuse ; jamais minorité ne fut plus tranquille. Sans doute Dieu voulut que l'aurore d'un regne doux & modéré, fût pure & sans nuages : il anéantit les dernieres volontés du Souverain le plus absolu, *reprobat consilia Principum* : il confond toutes les idées des Peuples, *reprobat cogitationes populorum* : (1) & rétablissant l'ordre de la nature & de la loi, il conduit à la tête du Gouvernement un de ces Princes, qu'il accorde rarement aux Nations. Caractere doux & ferme, génie vigoureux & flexible, conservant jusques dans ses foiblesses, l'élévation de son ame ; Philippe, connu jusques-là dans l'Europe par ses qualités militaires, fut bientôt plus célebre encore par ses talents politiques. La même supériorité qui lui donne l'ascendant dans tous les Cabinets des Souverains, soumet à son autorité tous les esprits : toutes les factions sont confondues devant lui sans effort ; comme cette vapeur du matin que dissipent les premiers regards du soleil.

Échappé aux dangers qui avoient menacé ses premieres années ; privé presque au même instant du Génie tu-

---

(1) Psl. XXXII, v. 10.

télaire qui avoit soutenu son enfance, dans cet âge tendre où nos loix ont fixé la majorité des Souverains, libre de tout frein, & maître d'un Royaume, Louis voit autour de lui tous les genres d'écueils. Rassurez - vous, François, sa prudence prématurée saura les éviter. Vous ne verrez dans cette ame sage, ni la présomption qui annonce le défaut de lumieres & empêche de les acquérir ; ni la jalousie d'autorité, qui anéantit l'autorité en l'étouffant entre les mains qui doivent l'exercer ; ni cette défiance universelle, qui n'écarte que la vérité, & ne repousse que les Citoyens vertueux. Au faîte du pouvoir, son premier sentiment est le sentiment de son inexpérience : il cherche un guide éclairé, qui dirige ses premiers pas ; & bientôt nous voyons présider à ses Conseils ce vieillard vertueux, que l'antiquité eût mis au nombre de ses Sages ; qui mérita, par sa modération, la confiance de tous les Souverains de son siecle ; & qui recevra, de nos derniers neveux, le tribut de reconnoissance que nous accordons à ce petit nombre de Ministres, qui ont fait la gloire des Rois & la félicité des Peuples. Nous lui devions les vertus de notre Monarque ; nous lui devrons aussi ses lumieres. Il a déja fait passer dans le cœur de son Eleve, sa modération & sa sagesse ; il lui transmettra encore sa longue expérience.

Formé par ces mains vertueuses, Louis apprend à

mériter la tendreſſe de ſes Sujets : & voilà, Maîtres du Monde, ce que tout votre pouvoir ne vous donnera jamais. Reſpect, crainte, ſoumiſſion, tout fut attribué, par la Providence, à votre rang ; excepté l'amour des Peuples, qu'elle réſerva pour être le prix de la ſageſſe & de la bienfaiſance. Souverain d'une Nation célebre entre toutes les autres, par ſon amour pour ſes Maîtres, Louis XV, entre tous ſes Rois, a obtenu le titre de BIEN-AIMÉ. Jamais titre ne fut décerné à un Souverain d'un conſentement plus unanime : nous fumes frappés comme d'une inſpiration générale ; & de toutes les parties du Royaume, s'éleva en même-temps ce cri du Peuple, qu'on reſpecte comme la voix de Dieu même. La flatterie n'y eut aucune part. Hélas ! lorſque nous le proclamions ainſi, pouvions-nous eſpérer qu'il en jouît jamais ? Il n'eſt point ſorti de vos cœurs, ce moment ſi touchant de l'Hiſtoire de Louis, où, abandonnant ſes conquêtes, pour voler au ſecours de ſes Provinces attaquées, il ſe ſentit frappé dans ſa courſe : nous vimes le bras de la mort étendu ſur ſa tête. A cet épouvantable ſignal, la conſternation ſe répand ſur tout le Royaume ; le deuil couvre la face de la France : les jeunes gens éplorés redemandent au Ciel ces longues & belles années qui leur étoient annoncées : les vieillards expirants pleurent ſur leurs enfants la perte du bonheur que promettoit un ſi beau regne. Tous, comme dans les plus affreufes calamités, fe refugient dans les Temples, & tombent devant les Autels, fufpendus entre l'efpoir & la terreur. L'enceinte de toutes nos Eglifes ne fuffifoit pas à la foule des adorateurs. Voûtes facrées de cette Métropole, que ne pouvez-vous aujourd'hui, au lieu de nos foibles accents, répéter les vœux & les fanglots dont vous retentites alors! Les larmes du Peuple font l'éloge le plus touchant & le plus vrai d'un bon Roi.

Ici l'éloge de Louis femble terminé. Montrer qu'il obtint l'amour de fes Sujets, c'eft prouver qu'il en fut digne. L'eftime peut s'égarer; l'admiration peut être furprife; l'amour public ne fe trompe jamais; le cœur des Peuples eft un oracle infaillible. Confultez toutes les Hiftoires, & voyez fi les Rois aimés de leurs Sujets, n'ont pas tous mérité de l'être. Mais où finiroit l'éloge d'un autre Monarque, celui de Louis XV ne fait que commencer. François, je vais développer à vos yeux la bienfaifance & la fageffe, qui avoient fait naître vos tranfports.

Je parle de la bienfaifance de Louis; non de cette bienfaifance particuliere, que je devrois peut-être plutôt juftifier : peut-être la poftérité, ce Juge inflexible des Rois, prononcera que fouvent fa bonté a été entraînée au-delà des bornes. Eft-ce à nous à lui faire ce reproche? O vous! qui futes honorés de fes bienfaits, & vous, fes ferviteurs,

teurs, ſes amis, & vous-mêmes auguſtes Enfants de ce bon Roi, je n'irriterai point votre douleur, en vous rappellant tout ce que vous avez perdu. C'eſt le Monarque que je loue ; ce ſont les bienfaits de ſon gouvernement que je célebre : je ne parle que de cette bonté générale, qui ne caractériſe pas moins la ſageſſe des Souverains, que leur bienfaiſance.

LA ſérénité du viſage du Roi donne la vie : ſa clémence eſt à ſes Peuples, comme la roſée du ſoir ſur la terre deſſéchée. (1) Vous vous rappellez, MESSIEURS, ce front auguſte que les Rois eux-mêmes révéroient ; ce regard où le Très-Haut avoit imprimé un rayon de ſa Majeſté. Au milieu de ſes Peuples, LOUIS en tempere l'éclat par la bonté : que tous les Sujets s'approchent avec confiance de leur Souverain. Citoyens, ils ſont ſes enfants ; Chrétiens, ils ſont ſes freres. Un coup-d'œil raſſure la timidité ; un ſourire diſtingue le mérite. Environné de tant d'hommages qui le rappellent ſans ceſſe à ſa grandeur, il ne paroît occupé qu'à la faire oublier.

CETTE affabilité des Rois eſt la ſource la plus pure de leur bonheur : j'oſe encore ajouter, c'eſt un de leurs plus importants devoirs. S'il étoit un Souverain aſſez malheureux pour n'être pas touché du doux plaiſir d'être aimé, qu'il ſache au moins que le bien de ſon Etat, que l'intérêt même de ſon autorité, exige qu'il ſoit ac-

(1) *In hilaritate vultûs Regis vita : & clementia ejus quaſi imber ſerotinus.* PROV. cap. XVI, v. 15.

ceſſible. Tandis que le vice effronté environne le Trône, & en occupe inſolemment toutes les barrieres, la
vérité timide ne s'en approche qu'en tremblant, & demande à être enhardie. Et quelle voix aſſez forte peut
faire entendre ſes leçons au Monarque, au milieu du
bruit dont les flatteurs ne ceſſent de l'étourdir ? Il n'en eſt
qu'une qui ait aſſez d'autorité pour ſe faire reſpecter dans
le tumulte des Cours ; c'eſt la voix du Public. Surs du
cœur de nos Maîtres, nous ne les accuſons jamais des
malheurs qu'on nous fait éprouver ſous leur nom. A chaque abus il s'éleve un cri de la Nation, qui réclame le
Souverain contre l'oppreſſion dont ſon autorité eſt le
prétexte. Que le Prince encourage toutes les voix, &
tous les abus lui ſeront bientôt connus : la crainte même
qu'ils ne parviennent à ſes oreilles, ſuffira ſouvent pour
les prévenir. Mais ſi, retenu dans les liens de la flatterie,
il néglige d'appeller la vérité, ou même d'aller au-
devant d'elle, bientôt traîné d'erreurs en erreurs, il ne
ſera plus capable de la reconnoître : ſes yeux faſcinés ne
verront que ce qui leur ſera préſenté par des mains in-
téreſſées. Au milieu de tout l'appareil de la Puiſſance,
il ne ſera que l'aveugle inſtrument de volontés ſubalter-
nes. Qu'importe, ſi l'autorité eſt énervée par la foibleſſe
du Maître, ou tranſportée par une confiance excluſive à
un dépoſitaire infidele ? Caché à tous les yeux, le deſpo-
te le plus ſoupçonneux & le plus jaloux, abandonne à

Séjan l'Univers à tyrannifer ; & Affuérus, Prince humain, mais inacceffible, livre, fans frémir, à fon infame Miniftre des millions d'innocentes victimes.

Que tous ceux qui approcherent de Louis lui rendent ici témoignage. Qu'ils difent fi jamais ils le virent rechercher la flatterie ; s'ils le virent détourner fes yeux d'aucune vérité. Pour nous, qu'un devoir facré charge de préfenter aux Rois une Loi févere, nous lui rendons avec joie cette juftice, que dans les temps même que nous déplorons le plus pour fon bonheur & pour fa gloire, il refpecta, il chérit, il encouragea conftamment la fainte liberté de notre miniftere. Louis XIV. a été admiré, d'avoir fouffert que le Prédicateur de fon fiecle ofât lui annoncer des vérités dures. Plus admirable que lui, Louis XV a récompenfé l'Orateur facré, dont le zele, comme autrefois celui de Jean-Baptifte, avoit attaqué fes foibleffes au milieu de fa Cour : il l'a fait affeoir au premier rang des Miniftres de la vérité : & il a mérité d'être loué par la voix éloquente qui avoit eu le courage de le reprendre.

C'est fur-tout dans fes Confeils que Louis appelle la vérité. Il y fait briller ce caractere heureux, fous lequel la fageffe s'eft peinte elle-même ; cet efprit jufte & droit qui, perçant tous les nuages, atteint & faifit fortement le vrai. Il y domine par la jufteffe de fes décifions ; mais il rejette toute autre domination : il y fait

C 2

descendre l'égalité ; & par sa douceur & sa modestie, il dispose les esprits à cette franchise si nécessaire & si rare dans les Conseils des Rois. Je dois même ici un aveu à la vérité. Ame trop modeste, vous permites plus d'une fois à vos fideles serviteurs, de vous reprocher la défiance de vos lumieres.

La défiance de vos lumieres! Ah, Prince! tandis que le zele vous adressoit cette représentation, la médisance s'autorisoit de l'excès de votre modestie, pour vous ravir l'honneur de vos utiles Établissements ; & accréditant des rumeurs injurieuses, attribuoit vos bienfaits aux mains que vous aviez chargées de les répandre. Censeurs injustes, les malheurs qu'a éprouvés le Gouvernement, les avez-vous attribués à ceux qui environnoient le Monarque ? Et lorsque la victoire abandonnoit nos drapeaux ; & lorsque la disette affligeoit nos campagnes ; & lorsque des dépenses, nécessitées par des guerres onéreuses, ou peut-être occasionnées par la bonté facile du Souverain, augmentoient la masse des dettes, & aggravoient le fardeau des impôts ; & lorsque, dans cette justice redoutable, où l'autorité pese d'une main impartiale, ce qu'elle doit aux Peuples, & ce qu'elle doit à elle-même, la balance, long-temps penchée du côté de la condescendance, fut emportée rapidement vers la sévérité ; plaignites-vous l'ame affligée de votre Roi ? & par vos reproches téméraires, ne portates-vous pas de nouveaux coups à fon cœur ? De quel droit prétendez-vous donc lui arracher la gloire des événements qui ont contribué à votre bonheur ? Que les Rois foient refponfables envers les Peuples & la poftérité, des torts de leur adminiftration ; mais que les Peuples & la poftérité rendent hommage aux Rois, des bienfaits de leur gouvernement.

Sous l'heureux gouvernement de Louis, notre Légiflation s'avance vers la perfection. Le grand ouvrage de la réunion de nos Coutumes en une feule Loi, eft entrepris. Louis donne des regles à la bienfaifance ; (1) il impofe un frein à la cupidité ; (2) il trace des formes au Tribunal augufte, où, à la tête des Sages de fon Confeil, il juge les Juftices (3).

La France ne gémira plus de ces altérations, de ces variations dans les monnoies, qui ont affligé les regnes les plus brillants de la Monarchie. Plus éclairé que fes Prédéceffeurs, Louis XV a appris aux Souverains qui regneront après lui à profcrire une reffource ; onéreufe aux Sujets, par l'incertitude qu'elle met dans les fortunes ; ruineufe pour le Souverain, dont elle diminue les revenus réels, en même-temps qu'elle né-

---

(1) Ordonnances de Février 1731, fur les Donations..... d'Août 1735, fur les Teftaments..... d'Août 1747, fur les Subftitutions, &c.
(2) Ordonn. de Juillet 1737, fur le Faux, &c.
(3) Ordonn. du 28 Juin 1738, fur la Procédure du Confeil.

cessite l'augmentation de ses dépenses ; funeste à tout l'Etat, par la défiance qu'elle inspire ; au Citoyen, dont elle resserre les trésors ; à l'Etranger, dont elle éloigne les richesses.

Avec la confiance, la circulation favorisée multiplie l'opulence nationale. Ces chemins, plus merveilleux que tout ce que le temps a respecté des travaux si vantés de l'ancienne Rome, c'est Louis qui les a créés ; le Royaume est parcouru plus promptement, qu'une Province n'eût été traversée : le commerce s'étend librement sur toutes les parties de l'Etat, distribuant par-tout la richesse. Nous ne verrons plus de malheureuses Provinces accablées de leur abondance, gémir de ne pouvoir porter des secours aux Provinces plus malheureuses encore, qu'a épuisées la disette.

Trop resserré dans les bornes de la Patrie, notre commerce se répand au-dehors, & embrasse toutes les contrées. Embellie de leurs dépouilles, la France étale de toutes parts le spectacle brillant de son opulence, & donne aux Nations, empressées de l'imiter, les modeles du gout & de la magnificence. N'imaginez pas, Chrétiens, que je veuille louer ce luxe déréglé, qui confond les rangs, pervertit les mœurs, & par une dissipation lente, mais continuelle, mine les Royaumes jusqu'à la destruction. Il est une magnificence convenable aux grands Empires, qui, en annonçant leur splendeur,

augmente leurs richefles & leurs forces. Et l'Efprit-
Saint n'a pas dédaigné de célébrer l'éclat de la Nation
chérie de Dieu, lorfqu'à l'ombre d'une paix profonde,
de nombreufes flottes rapportoient, au plus fage des
Rois, les tréfors d'Ophir & de Tharfis. Nos richefles
font le prix de nos travaux : dans toutes nos Provinces
les Manufactures établies, ou perfectionnées, excitent
l'activité, & attirent l'abondance. Le François n'ira plus
parmi les Nations voifines, acheter leur fuperflu pour
en décorer fon oifiveté ; & nous voyons les étrangers
accourir en foule au milieu de nous, apportant leur
or en tribut à notre induftrie.

Encouragé par les regards du Prince, le génie des
fciences prend un eflor plus élevé ; d'une main hardie
il recule les limites de l'efprit humain ; & franchiflant
d'un vol rapide les efpaces connus, il atteint à des dé-
couvertes que n'avoient pas même foupçonné nos
peres. Quelle main a conduit ces Savants parmi les gla-
ces du Pôle, fous les feux de l'Equateur, dans des ré-
gions prefque inacceflibles ? C'eft encore Louis, dont
la munificence vraiment Royale, dirige & foutient leurs
travaux pour la gloire de fa Nation & le bien de l'humanité. La figure de la terre eft déterminée ; des pofi-
tions fixes, font affignées à tous les Royaumes ; de nouvelles conftellations embelliffent les Cieux ; & le Navi-
gateur reconnoît fa route, tracée jufqu'aux extrêmités
du Globe.

Les Arts, enfants des Sciences, accourent à leur
fuite, excités par la voix de Louis. Ici, un regard du
Souverain éveille l'émulation ; là, un bienfait heureu-
fement placé, pour un talent qu'il récompenfe, fait naître une multitude de talents. Que tous les Arts fe réu-
niffent ; que tous les talents fe raffemblent, pour célébrer le Souverain, à qui ils doivent leur luftre ; qu'ils
élevent à fa mémoire les monuments les plus durables ;
que dans cette Capitale, que dans les Provinces les plus
reculées, fon image chérie tranfmife à la poftérité, at-
tefte à nos derniers neveux, la bienfaifance du Prince,
& la reconnoiffance de la Nation.

Entre les monuments de ce regne, il en eft un
que la poftérité diftinguera, & qu'elle ne contemplera
qu'avec refpect. Cette Nobleffe brillante, qui environne
le Trône & qui le décore, ne fera pas feule honorée
des bienfaits de fon Roi. Sa bonté éclairée va jufqu'au
fond de fes Provinces, recueillir les précieux reftes de
ce fang pur qui coula pour la Patrie. Et quel François
peut voir, fans attendriffement, ce Palais, où, raffem-
blés par la munificence de Louis, & arrachés à l'in-
digence, les fils des Héros, adoptés par leur Roi, ap-
prennent fous fes yeux, à marcher fur les traces illuftres
de leurs ancêtres ! Subfiftez auffi long-temps que cette
Monarchie, refpectable monument de la fageffe de
Louis, & de fon amour pour fa Nobleffe : & vous,
enfants

enfants de la Patrie, qui devez un jour être ses défen-
seurs, n'oubliez jamais que Louis XV fut votre vrai
pere ; portez dans nos Légions le souvenir de ses bienfaits ; que son nom, éternellement cher à nos Armées,
y soit toujours répété par la reconnoissance ; qu'il y
soit à jamais accompagné des bénédictions qu'il reçut
dans les champs de Lawfelt & de Fontenoy.

Si, malgré tant de titres qui avoient assuré à Louis
l'amour de sa Nation, il s'est élevé des murmures
contre son Gouvernement ; François, ne nous en
étonnons point. L'Esprit-Saint a dit : *N'ôte rien à
ton Roi dans ta pensée ;* (1) *ne médis point du Prince de ton Peuple.* (2) Mais telle est la malheureuse
condition des Princes ; l'adulation les obsede, la médisance les poursuit. Et quel est le Souverain, si
juste, si bon, si grand, qui ait pu échapper à la
calomnie qui persécute les vertus, ou à la mali-
gnité qui exagere les défauts ? Et Louis XIV, le
Monarque le plus vanté qui fut jamais ; & Henri IV,
dont nous ne répétons encore le nom qu'avec atten-
drissement ; & cet autre Louis, qui mérita aussi un
titre inspiré par l'amour des Peuples ; & S. Louis, le
plus parfait de tous ceux qui se sont assis sur des Trô-
nes, ont-ils pu se soustraire à la censure ? O vous ! qui

---

(1) *In cogitatione tua Regi ne detrahas.* Eccl. cap. x, v. 20.
(2) *Principi populi tui non maledices.* Exod. cap. xxii, v. 28.

D

affectez de méconnoître les bienfaits du regne sous lequel la Providence vous a fait vivre, si pour vous punir elle vous accordoit la liberté de transporter votre existence à quelqu'autre siecle de cette Monarchie, dans quelle époque vous placeriez-vous ? Seroit-ce dans ces temps où CLOVIS & ses Enfants fondoient, dans le sang & dans le carnage, leur Empire naissant ? Seroit-ce sous ces regnes, où des Maires ambitieux laissant dormir sur le Trône leurs Monarques fainéants, s'arrachoient l'un à l'autre le Sceptre, & dévastoient à l'envi la France, pour acquérir le droit de la gouverner ? Seroit-ce dans les siecles de féodalité, qui ne connoissoient d'autre droit que la force, où le Royaume ressembloit à un vaste champ de bataille, & réunissoit toutes les horreurs du despotisme & de l'anarchie ? Seroit-ce sous ces Rois qui, disputant à l'ancien ennemi de la Monarchie leurs Provinces désolées, voyoient la France livrée aux ravages d'une guerre, civile à la fois & étrangere ? Seroit-ce dans le temps où l'Italie, devenue le théâtre des guerres & le centre de la politique, absorboit nos trésors & engloutissoit nos Armées ? Seroit-ce sous ces regnes où une Secte rebelle & sanguinaire, fiere d'avoir mis en feu toute l'Europe, renversoit nos Autels & ébranloit le Trône ? Seroit-ce enfin dans le siecle auquel LOUIS XIV a donné son nom ? Siecle plus brillant peut-être, mais moins heureux que le nôtre, qui

commença par les troubles, & finit par les calamités.
De tous les temps de la Monarchie, le regne de
Lou1s XV est celui où il a été le plus heureux d'être
François ; le seul où nos campagnes n'aient été rava-
gées, ni par les guerres intestines ; ni par les inonda-
tions d'armées étrangeres. Les Nations dont vous en-
viez le sort, ont-elles joui pendant le même temps du
même bonheur ? Ce n'est point par des avantages, ou
des inconvénients passagers & de détail, que je juge
l'administration d'un grand Royaume ; c'est par l'ensemble, & sur-tout par les résultats. Une multitude de
nouveaux Citoyens ajoutés à la population ; voilà les
témoins de la sagesse & de la bienfaisance de mon
Roi. De vastes plaines autrefois infertiles, maintenant
couvertes de riches moissons ; en voilà les fruits. Enfin,
veut-on encore qu'il se soit glissé dans le Gouvernement
quelques abus ? Lou1s fut homme, il put payer le tribut
commun à l'humanité : il fut Roi, & tout ce qui approche des Souverains, s'efforce de les environner d'erreurs. Mais ces abus ne peuvent lui enlever les droits
qu'il a acquis sur l'amour de ses Peuples. Il nous reste
à vous montrer à quels titres il a mérité l'estime des
Nations.

SECONDE PARTIE.

AU milieu des erreurs & des vices que la poſtérité reprochera à notre ſiecle, rendons à la génération préſente la juſtice qui lui eſt due ; elle ſait mieux apprécier la véritable gloire ; les brillantes chimeres des conquérants éblouiſſent moins les eſprits ; les Rois pacifiques obtiennent plus d'hommages ; & le bonheur des Nations eſt la meſure de l'eſtime qu'elles accordent aux Souverains. Philoſophie ſuperbe, ne t'attribue point ce progrès de la raiſon humaine : l'exemple des Rois a plus d'empire ſur l'opinion publique, que tes frivoles raiſonnements. C'eſt l'amour de LOUIS pour la paix, qui a fait ſentir à tous les Peuples le prix de la paix ; c'eſt ſa modération dans les victoires, qui a déſabuſé les Peuples ſur la gloire des victoires.

L'HISTOIRE ne redira donc point aux générations futures, qui viendront la conſulter ſur les événements de ce regne ; LOUIS XV, à l'exemple de ſon Biſaïeul, a bravé les efforts de l'Europe conjurée ; comme LOUIS XIII, il a armé les Nations, & les a fait ſervir à la gloire de la France ; comme HENRI IV, il a regné en conquérant, & a tenu dans la terreur les Puiſſances rivales. Elle leur dira : LOUIS a ambitionné, a obtenu

la gloire la plus solide & la plus pure ; il a pacifié l'U-
nivers ; il a été le bienfaiteur de l'humanité.

Aussi-tôt qu'il a saisi les rênes du Gouvernement,
il promene ses regards sur l'Europe : il voit, dans la
jalousie que la France a inspirée aux Nations, la cause
des malheurs qu'elle a éprouvés ; il dit : Je détruirai les
haines ; à force de modération, j'anéantirai ces rivalités, également funestes à tous les Royaumes ; & mon
Peuple s'asseiera, avec tous les autres Peuples, dans la
prospérité de la paix ; & la confiance remplacera la terreur ; & l'abondance universelle sera le fruit du repos
que je donnerai au Monde : *& sedebit populus meus in
pulchritudine pacis, & in tabernaculis fiduciæ, & in
requie opulenta* (1).

Louis vouloit la paix ; mais il vouloit qu'elle fût
sure, qu'elle fût honorable ; & pour la fixer, il a été
obligé de la conquérir. Trois fois, en gémissant, il fut
entraîné dans les combats ; & put-il contenir son
ressentiment, lorsqu'il vit Stanislas exclus, par
des intrigues étrangeres, du Trône où l'avoit repor-
té l'amour de ses Peuples, fugitif dans son Royaume, poursuivi à main armée, chassé de son dernier
asyle, & cette Tête, chere & sacrée, proscrite & mise
à prix ? On a forcé Louis de prendre les armes ; il saura

---

(1) If. cap. XXXII, v. 28.

bientôt contraindre ses ennemis à les quitter; ses Légions sont au sein de l'Italie, avant qu'on ait soupçonné leur marche; & ses foudres ont écrasé le Milanez, avant d'être annoncées. D'un autre côté, il met en poudre les superbes remparts de l'Allemagne. En moins de trois campagnes, il réduit, à recevoir la paix, l'ennemi qui l'avoit bravé. Au fond de l'Italie, il donne aux fertiles Provinces de Naples & de la Sicile, un Souverain de son Sang; il assigne à STANISLAS, en échange du Trône chancelant qu'il a perdu, un Etat plus tranquille à gouverner, & des Peuples plus soumis à rendre heureux.

IL est donc enfin arrêté dans les décrets éternels, que nous ne verrons plus au sein de ce Royaume, une Puissance étrangere : nous ne verrons plus ces Princes entreprenants, forts de l'amour de leurs Peuples, dangereux par leurs talents, & comme pressentant leurs hautes destinées, s'élancer hors du théâtre étroit, où leur génie étoit trop resserré; remplir continuellement notre Cour d'intrigues, & le Royaume de troubles; & c'est au plus pacifique de nos Rois, que nous devons la plus solide & la plus utile des conquêtes.

POURQUOI, s'écrie le Prophete, frémissent tant de Nations? Que méditent tous ces Peuples agités? (1)

____

(1) *Quare fremuerunt gentes, & populi meditati sunt inania?*

Ligues redoutables, formez-vous, & vous ferez vaincues : rassemblez toutes vos forces, & vous ferez
vaincues : appellez à votre secours de nouveaux Alliés,
& vous ferez vaincues encore. (1) Mais oublierois-
je que je parle devant l'Autel de l'Agneau, & que
je célebre un Roi qui n'ambitionna que la gloire
de la paix ? Non, je ne le louerai point d'avoir,
dans les plaines de Fontenoy, résisté aux timides
conseils qui l'éloignoient d'un champ de bataille,
où la fortune paroissoit se déclarer contre lui ; d'avoir
bravé la mort volant autour de sa tête, & d'avoir enfin fixé la victoire incertaine. C'est après la victoire,
au moment où finit la gloire de presque tous les Héros, que commence la vraie gloire de Louis. Ce bras
qui vient de renverser tant de Nations, leur présente
aussi-tôt le rameau de la paix ; & c'est du champ fu-
mant encore de leur sang que partent ses propositions.
Quel motif put donc empêcher ces Rois vaincus, &
qui voyoient leurs projets dissipés, de recevoir les offres
bienfaisantes de notre Monarque ? Ils ne purent con-
cevoir une modération aussi sublime ; ils ne purent
imaginer qu'un Roi jeune & triomphant, dans le premier moment de sa victoire, n'en voulût d'autre prix

----

(1) *Congregamini populi, & vincimini .... Confortamini, & vincimini.*
Accingite vos, & vincimini. Is. cap. VIII, v. 9.

que la pacification générale. Louis sera donc encore forcé de vaincre. A Rocoux, à Lawfelt, il accable les restes fugitifs de Fontenoy. Est-ce le son de ses trompettes qui a renversé cette multitude de remparts dont la Flandre étoit couverte ? A chaque conquête il fait de nouvelles offres ; à chaque refus de nouvelles conquêtes. Enfin, l'Europe reconnoît son Vainqueur & son Bienfaiteur, & reçoit avec admiration & reconnoissance, la paix qu'elle avoit si long-temps refusée.

Dans ce traité à jamais mémorable, Louis dédaigne d'ajouter à ses Etats de nouvelles Provinces ; & que serviroient de nouvelles Provinces à un Roi de France ? Mais il fait une conquête plus glorieuse & plus utile ; il acquiert la confiance des Nations. Nous ne verrons plus l'Europe jalouse de nos succès, conjurer notre ruine, & menacer notre Patrie, des malheurs qui affligerent les derniers jours de Louis XIV : la France, moins redoutée, en sera plus puissante. En diminuant le nombre de ses ennemis, Louis XV a multiplié ses Alliés. Ah ! si la voix toute-puissante, qui rappelle les morts du tombeau, daignoit, pour quelques instants, ramener sur la scene du monde, François Premier & Charles-Quint ; quels seroient l'étonnement & l'admiration de ces deux grandes Ames, de voir les antiques rivalités éteintes ; les jalousies dissipées ; trois siecles de guerres presque continuelles, terminées par

une

une heureuſe alliance ; la France & l'Autriche réunies ſous les mêmes étendards ; des nœuds auguſtes & chers devenus le fruit & le gage de cette Union reſpectable ; & la FILLE DES CÉSARS partageant avec le Deſcendant de SAINT LOUIS, l'amour & les tranſports de la France ?

JE ne dois cependant pas, MESSIEURS, dans une Cérémonie qui annonce ſi hautement l'inſtabilité des choſes humaines, vous diſſimuler que dans cette Alliance, où tout promettoit des ſuccès, LOUIS éprouva des revers. Adorons cette Providence ſuprême, qui, pour punir les fautes des Peuples & des Rois, leur envoie les diſgraces, & confond leurs eſpérances les mieux fondées ; mais ne demandons point compte à un Roi ſi digne de notre vénération, des événements que ne put régler ſa prudence. Admirons au contraire le nouveau genre de courage que les circonſtances développerent en lui : admirons les ſacrifices héroïques que cette Ame, ſupérieure à toutes les viciſſitudes, fit ſans effort pour le bien de ſon Peuple, & la paix de l'Univers.

LE vœu de LOUIS eſt donc enfin exaucé ; il a établi la paix ſur de ſolides fondements : elle regnera déſormais autant que lui. En vain verra-t-il autour de lui les peuples frémiſſants, s'efforcer de l'entraîner dans leurs querelles ; il rompra les arcs, briſera les armes, &

E

livrera les boucliers aux flammes. (1) **A** l'exemple du
Dieu dont il eſt l'image, Louis a écraſé tous les ger-
mes de guerre, *Dominus conterens bella.* (2) Du fond
de l'Amérique le tonnerre a retenti, & a réveillé l'Europe aſſoupie. Au ſignal donné à l'extrêmité de l'Univers, deux Nations puiſſantes & jalouſes répondent
par des cris de guerre : déja ſe forgent les armes ; déja
ſe prépare le terrible appareil des batailles ; & du fond
de leurs Ports les vaiſſeaux ſe menacent, impatients de
combattre. Mais Louis, comme un Ange tutélaire en-
voyé pour veiller à la tranquillité générale, adreſſe aux
Nations des paroles de paix. Et quel plus digne organe
du Dieu de la paix, qu'un Roi tant de fois pacificateur? Au ſon de cette voix reſpectée, la diſcorde ſe
tait, les haines s'appaiſent, les jalouſies s'évanouiſſent ;
par de ſages tempéraments, il concilie les intérêts de
l'une des Couronnes, avec la dignité de l'autre : & la
paix, qui fut ſi ſouvent le prix de ſa modération, de-
vient l'ouvrage de ſa juſtice. (3)

Qu'il s'élève encore de ces tempêtes qui boulever-
ſent les Royaumes, Louis commandera aux flots, &
ils viendront ſe briſer contre les bornes de ſes Etats.

---

(1) *Arcum conteret & confringet arma , & ſcuta comburet igni.* Pſ. xlv,
v. 10.

(2) Judith , cap. xvi, v. 3.

(3) *Erit opus juſtitia pax.* Iſ. cap. xxxii, v. 17.

Voyez, aux confins de l'Afie, deux vaftes Empires s'ébranler, & précipiter aux combats d'innombrables Armées. Les premiers rayons que le foleil lance fur l'Europe, n'éclairent que des batailles & des champs couverts de carnage : plus avant, les Pavillons font tendus, les Etendards déployés ; de l'Elbe au Danube, quatre cents mille guerriers attendent en fufpens le redoutable fignal des victoires. Au milieu de l'agitation de tant de Peuples, la fageffe de Louis maintient tout le couchant de l'Europe dans une fécurité profonde. Politiques du fiecle, euffiez-vous défiré qu'à ce grand avantage, il préférât la gloire inutile & incertaine de conferver à la Pologne toutes fes Provinces : Politiques téméraires, ouvrez les yeux ; voyez en ce moment une révolution inattendue changer la face de l'Univers ; & une nouvelle balance de pouvoir s'établir entre les Empires. L'Europe s'agrandit ; de nouveaux Royaumes fe forment, ou fe joignent au fyftême politique. Au nord de l'Allemagne s'établit enfin ce contrepoids que n'avoit pu fixer le génie de Richelieu : plus heureux que Guftave-Adolphe, Frédéric jette dans l'Empire, les fondements d'une Puiffance auffi redoutable & plus folide. Des extrémités de la terre, accourt une Nation inconnue à nos anciens Politiques, & les defcendants des Scythes portent la terreur jufqu'au fein de la Grece. L'Ottoman fe réveille comme d'un long fomme ; il effaie fes forces trop long-temps engourdies, & apprend, par ses pertes, à rappeller dans ses Armées cette discipline, qui seule rend le nombre imposant, & la valeur redoutable. D'un autre côté la Suede, par un effort aussi glorieux que celui qui porta Vasa sur le Trône, brise les fers dont elle s'étoit chargée ; recouvre sa force avec sa liberté ; & l'éternelle Alliée de la France va, sous son troisieme Gustave, voir renaître les jours où elle étoit l'effroi de la terre. Voilà les changements que LOUIS contemploit en silence. Retirés à l'ombre du Sanctuaire, loin du secret des Cours, nous ignorons jusqu'à quel point sa politique profonde a influé sur ces grands événements ; mais au moins il a jugé leur effet ; il a vu que l'équilibre de l'Europe, loin de se rompre, en acquéroit une plus solide consistance ; & il a conservé à son Royaume, & aux Royaumes qui l'environnent, la paix qu'il leur avoit donnée.

NOUS avons vu éclater la reconnoissance des Nations. Quel fut donc ce Souverain, dont la perte est un sujet de deuil pour tous les peuples ? Quels éloges ne mérite pas celui qui en obtient même de ses rivaux ? Au premier bruit du danger qui menace ses jours, la Hollande implore, par des aumônes abondantes, la Miséricorde divine. Au milieu du Sénat de l'Angleterre, sa mort est regardée comme un malheur pour l'Europe ; & ces murs, qui retentirent tant de fois des projets formés contre lui, répetent aujourd'hui ses louanges.

MAIS les larmes de son Peuple, les vœux de l'humanité entiere, rien ne pouvoit arracher à la mort cette grande victime ; l'arrêt étoit parti d'en-haut. Quel spectacle, ô mon Dieu ! vous nous avez donné dans le Palais des Rois ! Ce n'étoit donc point assez de frapper & d'abattre la Tête la plus auguste ; vous avez voulu nous menacer encore, & nous apprendre, par nos alarmes, qu'il nous restoit des pertes à faire. O héroïsme de la piété filiale ! ô sacrifice, aussi courageux que ces dévouements si vantés, qu'inspira l'amour de la liberté ! Louis expirera, environné des objets les plus chers ; ses mains défaillantes serreront encore leurs mains chéries ; & ses yeux, en s'éteignant, verront couler les larmes de la tendresse. Mais à quel prix cette consolation lui est accordée ! C'est du sein paternel que s'exhale le souffle empoisonné qui fait pencher vers le tombeau ces Têtes respectables. Esprit immortel, qui du sein des grandeurs & des délices, conduisîtes dans le désert l'innocente colombe, vous seul pourriez nous répéter ses gémissements ; nous redire les combats cruels de la nature & de la Religion : nous montrer cette ame sensible & vertueuse, entraînée par l'ardeur de secourir tout ce qui lui est resté de cher sur la terre ; retenue par la chaîne sacrée dont elle s'est chargée ; transportée du désir d'aller partager les dangers ; & par un effort de courage, restant sur la croix où elle s'est attachée, & y attendant les coups dont il plaira à Dieu de la frapper.

Hélas ! le plus terrible de tous se prépare. Mais, quoi ! l'adulation & l'intrigue environneront donc toujours les Rois ? Après avoir saisi Louis au sortir de son berceau, elles le poursuivront jusques au tombeau ; & entre les froides mains de la mort, elles verseront encore sur lui leur funeste poison. Tandis que, pour endormir sa religion, on répete sans cesse à ses oreilles, vous guérirez, vous guérirez ; on arrête le zele, en lui déclarant que les organes affoiblis du Monarque, ne lui permettent plus même de reconnoître les secours que l'Eglise lui présenteroit ; on alarme la tendresse, par des terreurs imaginaires ; on lui annonce que la connoissance du danger irritera la violence du mal. Au milieu de cet abandon universel, la foi, qui ne l'avoit jamais abandonné, se réveille. Nous lui avions toujours rendu cette justice ; les artifices criminels qui avoient égaré son cœur, n'avoient pu corrompre son esprit. Fidele à la foi de ses Peres, le Fils de St Louis vit toujours avec horreur ces maximes perverses qui combattent la Religion & déshonorent la raison. Pontifes du Seigneur, combien de fois nous applaudimes à son zele ; nous admirames son recueillement : combien de fois lui-même il conjura la Miséricorde divine de le ramener de ses égaremens ; & d'une main impuissante, souleva le fatal bandeau qui retomboit sans cesse sur ses yeux. Mais au moment où il apprend la nature de son mal, toutes les illu-

fions s'évanouiffent : il ne fera pas néceffaire que le Prophete entre dans fon Palais, & vienne lui dire, comme
à Ezéchias : *Mettez ordre à votre maifon, vous mour-
rez.* (1) Il prévient les avertiffements de la Religion, les
exhortations du zele ; cette étincelle de piété, qu'il avoit
précieufement confervée dans le fond de fon cœur, fe ranime. Comme St Paul, le coup qui le frappe, l'éclaire.

Que vient-il donc de fe paffer au fein de la Cour
célefte ? Eft-ce l'Ange tutélaire de la France qui a porté
au pied du Trône de l'Eternel les vœux de la Nation ?
Eft-ce le faint Auteur de la Race des Bourbons, qui
a imploré, pour fon Fils, la Miféricorde infinie ? Ou
ne devons-nous pas cette grace foudaine de pénitence, aux prieres ferventes qui s'élevoient depuis
fi long-temps du haut du Carmel, & qui ont redou-
blé dans ce moment terrible ? Tombez, chaînes hon-
teufes ; voile impofteur, déchirez-vous ; attachements
criminels, éloignez-vous ; éloignez-vous pour jamais ;
Louis l'a déclaré ; vous ne ferez plus rien à fon cœur.

Entrez, Miniftre vertueux ; Interprete facré de la
Loi, venez la préfenter telle qu'elle eft ; defcendez dans
les profondeurs d'une confcience faite pour être plus
pure ; foyez le dépofitaire des regrets les plus finceres
& les plus vifs ; confommez la réconciliation de cette
ame avec fon Dieu.

----

(1) *Præcipe domui tuæ. Morieris enim tu.* 4. Reg. cap. xx, v. 1.

Pontife du Dieu vivant, allez, revêtu du plus honorable Miniftere, porter de la part de Louis à fon Peuple, les dernieres paroles qu'il lui adreffera. Vous direz aux François, que leur Roi, uni aux fentiments de ce Roi fi célebre par fa pénitence, rentre dans les voies de fa jeuneffe; qu'il fe repent des fcandales qu'il leur a donnés; & que fi le Tout-Puiffant lui laiffe encore des jours, ils feront tous employés au bonheur de fes Peuples & à la gloire de la Religion. Que ces paroles touchantes percent les voûtes du Palais; qu'elles éclatent dans toute la France; que, répétées de bouche en bouche, elles aillent par-tout où les foibleffes de Louis furent connues, porter avec l'édification, la confolation efpérée depuis fi long-temps.

Dieu de miféricorde, victime de propitiation, daignez vous approcher; venez vifiter une ame, devenue par une pénitence vive, digne de vous recevoir; venez le foutenir dans le dernier combat; venez reprendre vous-même poffeffion d'un cœur où vous ne dominates pas toujours, mais qui ne vous abandonna jamais entiérement.

Ou font-ils ces efprits forts, qui difoient que la Religion énerve le courage? Où font ces courtifans, qui annonçoient que la vue du péril affoibliroit l'ame de Louis? Qu'ils voient, & qu'ils foient confondus; qu'ils voient avec quelle intrépidité, fortifié par la grace qu'il a recouvrée, il foutient les affauts de la mort; de
quel

quel œil ferme & assuré il mesure la profondeur du tombeau où il va s'engloutir. Du moment où il s'est jetté dans les bras de son Dieu, il ne sort de son cœur, ni un regret de tout ce qu'il perd, ni une plainte de tout ce qu'il souffre. Soumis à la main qui s'appesantit sur lui, il ne demande pas à Dieu d'ajouter des jours à sa vie ; un seul regret s'échappe de son ame : *La pénitence est bien courte.*

Oui, mon Dieu, sa pénitence a été bien courte ; nous l'avouons en gémissant ; & nos larmes, & nos terreurs accompagnent nos vœux. Confondus à la vue de vos redoutables jugements, nous n'espérons qu'en tremblant. Nous osons cependant nous flatter que vous aurez jugé sa pénitence, moins sur la durée du repentir, que sur la vivacité des regrets. Mais si votre justice n'est pas encore satisfaite, si les restes de ses foiblesses ne sont pas entiérement expiés, recevez la victime salutaire ; voyez couler sur cet Autel le sang de votre Fils. Votre Fils a dit : *Bienheureux les Pacifiques ; bienheureux les Miséricordieux ; bienheureux ceux qui sont doux ;* & voilà ce qui ranime notre confiance. Dieu plein de bonté, *Dieu qui donnez le salut aux Rois,* (1) *souvenez-vous de Louis & de toute sa douceur :* (2) écoutez les cris de tout son Peuple ; & que cette priere,

____

(1) *Qui das salutem Regibus.* Pf. cxliii, v. 10.
(2) *Memento, Domine, David, & omnis mansuetudinis ejus.* Pf. cxxxi, v. 1.

que fa Nation éleve pour la derniere fois en fa faveur, acheve de vous fléchir. *Seigneur, fauvez le Roi, & exaucez-nous dans ce dernier jour, où nous invoquons votre miféricorde.* (1)

Nous implorons auffi, Seigneur, votre bonté pour le jeune Monarque, dont la main bienfaifante s'occupe à effuyer nos larmes. Envoyez-lui, comme vous l'envoyates à Salomon, *la fageffe qui affifte au pied de votre Trône ;* (2) *qui inftruit les Rois à regner, & dicte aux créateurs des Loix d'équitables décrets.* (3) Soutenez en lui cette application qui fait notre efpoir ; béniffez fes travaux. Confervez dans fon cœur les vertus que vous y avez dépofées, pour notre bonheur & pour fa gloire ; cet amour ferme de la vérité, qui déja, plus d'une fois, a fait pâlir l'intrigue & taire la calomnie ; cette juftice févere, qui eft la probité des Rois ; cette noble & auf-tere pudeur, qui écarte le vice & repouffe l'adulation ; & fur-tout cet attachement à votre fainte Religion, qui affure à toutes les vertus leur folidité & leur ré-compenfe : qu'il regne long-temps fur nous & avec vous éternellement. Ainfi foit-il.

______

(1) *Domine, falvum fac Regem , & exaudi nos in die quâ invocaverimus te.* Pf. xix , v. 10.

(2) *Da mihi fedium tuorum affiftricem fapientiam.* Sap. cap. ix , v. 10.

(3) *Per me Reges regnant , & legum conditores jufta decernunt.* Prov. cap. viii , v. 15.

Annonce du Service Solemnel
pour le repos de l'âme du feu Roy.

Vous nous aviés si souvent exaucé, ô mon Dieu, dans les différentes circonstances de la paix et de la guerre où les jours du Roy avoient été en péril que nous osions nous flatter encore que vous le rendriés à nos vœux — lorsque nous touchions au moment de le perdre.

C'est donc en vain que nous avons environné vos autels? Vos oreilles se sont fermées à la voix de nos gémissements et de nos larmes. Le Roy n'est plus.

Aveugles, ingrats, hommes de peu de foy, n'avons-nous des yeux que pour ne point voir, des cœurs que pour ne pas sentir, une foy que pour n'en faire aucun usage? hé-quoi! ne connoîtrons-nous jamais des dons du Ciel que ceux qui se rapportent à la terre? importe-t-il donc autant de vivre qu'il importe de bien mourir? que l'excès de notre douleur ne produise point une plainte trop déplacée! Un Roi malade, souffrant, soumis pénitent qui n'attend pas comme Ezéchias qu'un prophète vienne l'avertir de donner ordre à sa Maison parce qu'il va bientôt cesser de vivre; mais qui de son propre mouvement, ou plutôt de celui de la grace, se dispose à mourir de la mort des justes: Un Roy qui brise courageusement dans son cœur tous les liens qui peuvent l'attacher au plus beau Royaume du monde pour n'en former que de capables de l'attacher irrévocablement à son Dieu; Un Roy, qui, purifié dans les eaux de la pénitence, nourri de la chair de l'agneau sans tache, élève sa défaillante voix, emprunte même une voix plus forte que la sienne pour

informer sa Cour, qu'il ne desire de vivre que pour la gloire
de la religion et le bonheur de ses peuples : un Roy,
dis-je, dans ces dispositions n'est-il pas un spectacle
digne des anges et des hommes ! ah ! M. f., des
sentimens aussi edifians qu'ils sont sublimes, —
ne valent ils pas mieux que la santé, que la vie,
que toutes les vies, que tous les Royaumes ensemble,
et n'en devons-nous pas à la Miséricorde divine
avec les louanges de nos levres, toutes les actions
de graces de nos coeurs ? « Quoniam melior est
« misericordia tua super vitas, labia mea laudabunt te »
« Psalm. . . . .

N'attendés-donc pas, M. f., que nous entrions
ici dans le détail des qualités éminentes de ce Prince,
de sa bonté, de sa douceur, de son aménité, de sa
bienfaisance ; que nous exaltions son tendre attachement
pour sa famille, son affabilité pour toutes les personnes
qui avoient l'honneur de l'approcher, son amour
pour la paix, son attention à conserver, à
augmenter-même la gloire de sa Couronne, sa
modération dans les triomphes, sa fidélité dans ses
traités : un objet encore plus intéressant nous
occupe. Toutes ces vertus lui ont merité le surnom
de Bienaimé de son peuple, et celles que nous
envisageons nous inspirent la confiance qu'il a merité
le titre bien plus glorieux de Bienaimé de son Dieu.

Veuillés, Seigneur, que notre espérance ne soit
pas vaine, veuillés le lui accorder, dans toute sa
plenitude, ce titre si précieux ! C'est dans cette vüe
qu'une milice qui vous est spécialement consacrée,
animée par la présence de son illustre Chef, vient
se prosterner devant vos autels. Ecoutés nos voeux et

nos prières ; leur succès est dans notre désastre.
Notre consolante ressource, mais elle n'est pas la
seule que votre bonté nous ait reservé, Mon Dieu !
Le jeune Prince, que vous avés prévenu de Nos bénédictions
abondantes, vient de monter sur le Trône de Son
ayeul ; La verité et la douceur, la pieté et la justice
sont montées avec lui, que toujours assises à ses côtés
elles soient ses compagnes inséparable. D. S.

APPROBATION.

J'Ai lu, par ordre de Monseigneur le Garde des Sceaux, un Manuscrit, qui a pour titre : Eloge Funebre de Louis XV, prononcé dans l'Eglise de Notre-Dame de Paris, par Monseigneur l'Evèque-Duc de Langres. Ce discours m'a paru être une expression noble, sage & fidele des sentiments d'amour & de reconnoissance que nous devons tous à la mémoire du glorieux Monarque qui nous a été enlevé. A Paris, le 7 Septembre 1774.

RIBALLIER, *Censeur Royal.*